Alberts bunte Bilderbude

BAND I

*In Alberts Bude, da geht's rund,
verrückt und lustig, kunterbunt.
Ganz dolle Dinge da passieren!
Bestimmt wirst du dich amüsieren.*

Einband Manfred Bofinger
Zusammenstellung Armin Wohlgemuth

Gesamtausgabe: ISBN 3-358-01497-5
Bd. I ISBN 3-358-01498-3

1. Auflage dieser Ausgabe 1989
© DER KINDERBUCHVERLAG BERLIN – DDR 1987
Lizenz-Nr. 304-270/644/89
Gesamtherstellung: Karl-Marx-Werk Pößneck V 15/30 · LSV 7511
Für Leser von 8 Jahren an · Bestell-Nr. 633 891 2 · 00680
Die Beiträge zu diesem Band wurden aus den im Kinderbuchverlag
erschienenen Jahrbüchern A–J ausgewählt

Jürgen Köditz

Warum der Tausendfüßler tausend Füße hat?

Weil einer mit tausend Beinen
auf seinem Pfade
tausendmal schneller kann eilen.

Warum kommt zur Olympiade
als schnellster Mann dann
nicht mal ein Tausendfüßler an?

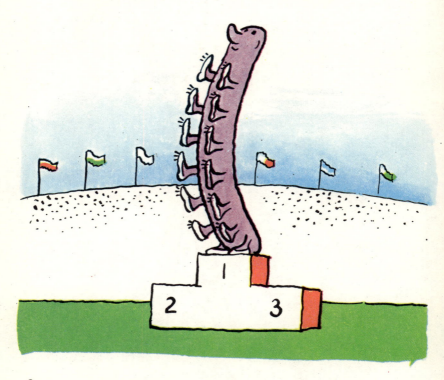

SprichwörterSALAT

Gert Prokop

Hier hat ein Spaßvogel alte Sprichwörter gemixt. Versucht herauszufinden, wie sie richtig heißen.

In der Kürze spricht man nicht vom Strick
Im Haus des Gehenkten liegt die Würze

Allzuviel geht durch den Magen
Liebe zerreißt den Sack

Eine Hand hackt der anderen nicht die Augen aus
Eine Krähe wäscht die andre

Ende gut hat nie gereut
Jung gefreit — alles gut

Eine schwarze Kuh ist schwer
Aller Anfang gibt auch weiße Milch

Ein blindes Huhn ist Goldes wert
Eigner Herd findet auch ein Korn

Den Vogel beißen die Hunde
Den Letzten erkennt man an seinen Federn

Wer zuletzt lacht, der will betrügen
Wer tauschen will, der lacht am besten

Es ist nicht alles Gold, was ein Meister werden will
Früh übt sich, was glänzt

Wer Wind sät, dem ist auch nicht zu helfen
Wem nicht zu raten ist, der wird Sturm ernten

Wer schläft, kommt auch ans Ziel
Wer langsam geht, der sündigt nicht

Reisende Leute klingen hohl
Leere Fässer soll man nicht aufhalten

Was sich liebt, das vergeht nicht
Unkraut neckt sich

Wer viel fragt, wird endlich gut
Was lange währt, bekommt viel Antwort

Ein voller Bauch macht noch keinen Sommer
Eine Schwalbe studiert nicht gern

Reinhard Gundelach

Warum heißt die Vase Vase?
Wenn sie herunterfällt,
dann wa' se!

Eine Schlange dachte bang:
„Ich bin ja so entsetzlich lang –
ich paß auf keine Gartenbank."
Aber untern Kleiderschrank!!!

Mr. Pasewalking (47), Jäger exotischer Tiere, sitzt hier in Äquatornähe und will einige spezielle Tiere fangen. Er hat dafür zwei Kisten vorbereitet. Welche Tiere will er fangen?

Die Auflösung findet ihr auf Seite 127

Hartmut Brücher

Schulmappen-Philosophie

Die Benutzer von Mappen, Ranzen, Taschen und so weiter zerfallen hierzulande in sechs Gruppen: in die *neugierigen*, in die *zauberhaften*, in die *einnehmenden*, in die *hilfsbereiten*, in die *praktischen* und in die *boshaften*.

Die *neugierigen* ermitteln jedes Jahr den Weltmeister im Mappen-Weitwurf. Ihr Ziel ist es, das Ding platzen zu lassen. Wie sollten sie auch sonst sehen, wo die sechzig Mark stecken, die das Ding wert ist?

Die *zauberhaften* arbeiten mit der Trickkiste. Sie räumen den Papierkorb aus und lassen heimlich darin eine Mappe verschwinden. Ihre Erfindung ist der Mappensalat, garniert mit Stullenpapier, Brotrinde und Apfelknust.

Den *einnehmenden* kommt große materialwirtschaftliche Bedeutung zu. Sie sind Stützpunkte für sämtliche Rohmaterialien und Fertigteile, insbesondere für Stabmagneten, Fensterkitt, Leitungskabel, Brausepulver, Bleirohr, Glasscherben. Sie übernehmen im kommenden Jahr Sammeltransporte für den VEB Altstoffhandel.

Die *hilfsbereiten* kümmern sich in großzügiger Weise um ihre Mitschüler. Sie legen die Mappe auf die Erde und ziehen sie am Riemen hinter sich her. Wer fußmüde ist, darf Platz nehmen und wird heimwärts befördert. Diese leistungsfähigen Fahrzeuge werden demnächst als Touren-Taxis eingesetzt zwischen Schule und Elternhaus.

4.

Die *praktischen* überraschen uns immer wieder durch ihre Phantasie. Sie schneiden aus der Mappe Unterlegscheiben, wenn der Tisch wackelt, und Einzelteile für den Katapult.
Ihre Erfindung ist die Schulmappe mit Lochmuster. Die Hefte sollen doch etwas sehen von der Welt. Und wenn es regnet, wissen sie doch wenigstens, was für Wetter draußen ist.

5.

Über die *boshaften* zu reden lohnt sich eigentlich nicht. Sie tragen nur ihr Schulzeug hin und zurück. Sie sind eine Schande für jede anständige Schulmappe.

6.

Hier haben Plisch und Plum eine ziemliche Unordnung angerichtet.
Beim genauen Vergleich der beiden Zeichnungen von Wilhelm Busch
gilt es die zwanzig Veränderungen auf dieser Seite zu entdecken.

Auflösung auf Seite 126

Er ist ein Schürzenjäger

Perlen vor die Säue werfen

Das Auge des Gesetzes wacht

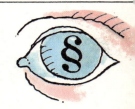

In der Tinte si

Arm wie eine Kirchenm

Geputzt wie ein Pfingstochse

Der Eismann ist kein Schneemann,

der Wassermann ist kein Seemann,
wo's brennt, muß keine Glut sein,
nicht schlecht sein heißt nicht gut sein.

Ein Tormann ist kein Pförtner,
ein Kürschner ist kein Gärtner,
ein Ärger nicht das Ärgste,
ein Starrkopf nicht der Stärkste.

Ein Wildfang ist kein Jäger,
ein Fauler wird kein Träger,
ein Klugschnack muß nicht klug sein,
und damit soll's genug sein.

Günter Saalmann

Armin Wohlgemuth

∘⊱ SPIEL ⊰∘

Wer zuerst das Ausgangswort wieder erreicht, ist Sieger; oder: Wer innerhalb einer bestimmten Zeit die meisten Worte gefunden hat.

Schneiderpuppe
Puppenkleid
Kleiderstoff
Stoffmuster
Mustermesse
Messegut
Gutschein
Scheinbild
Bildregie
Regie...
G...

aus
ausgemeinde
　Gemeindeamt
　　Amtmann
　　　Mannschaft
　　　　Schaftstiefel
　　　　　Stiefelleder
　　　　　　Lederriemen
　　　　　　　Riemenschneider
　　　　　　　　⇨ Schneiderpuppe
　　　　　　　　　　⇦

25

Günter Saalmann

Im Rathaus zu Groß-Schilda

Im Rathaus zu Groß-Schilda
— wie ist das heute still da!
Da findet keine Hochzeit statt:
Ob's Standesamt wohl Sitzung hat
im Rathaus zu Groß-Schilda?

Im Rathaus zu Groß-Schilda
— wie ist das heute still da!
Sogar das Fundbüro hat dicht:
Der Alte find't den Schlüssel nicht
im Rathaus zu Groß-Schilda.

Im Rathaus zu Groß-Schilda
— wie ist das heute still da!
Das Arbeitsamt — wie kommt das bloß? —
ist heut besonders arbeitslos
im Rathaus zu Groß-Schilda.

Im Rathaus zu Groß-Schilda
— wie ist das heute still da!
Die Ratsversammlung, ratlos, stumm,
kaut auf den Kugelschreibern rum
im Rathaus zu Groß-Schilda.

Im Rathaus zu Groß-Schilda
— wie ist das heute still da!
Mit einem Finger tippt, o weh!
der Bürgermeister Hil und fe!
Im Rathaus zu Groß-Schilda.

Im Rathaus zu Groß-Schilda
— wie ist das heute still da!
Und alles flüstert angstbeklommen:
Hausmeisters freche Enkel kommen
ins Rathaus zu Groß-Schilda.

Geometrische Rätsel

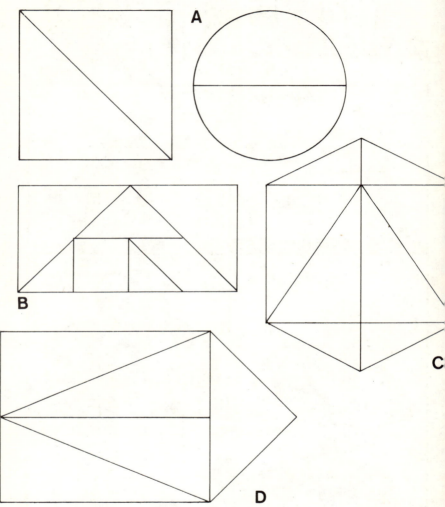

Aus den beiden Figuren A ist ein Herz zu bilden.
Aus der Figur B sind zwei Figuren, ein gleichschenkliges Dreieck und ein Quadrat, zu bilden.
Aus Figur C und D ist jeweils ein Quadrat zu bilden.

Auflösung Seite 126

Auflösungen der Märchenrätsel auf Seite 126

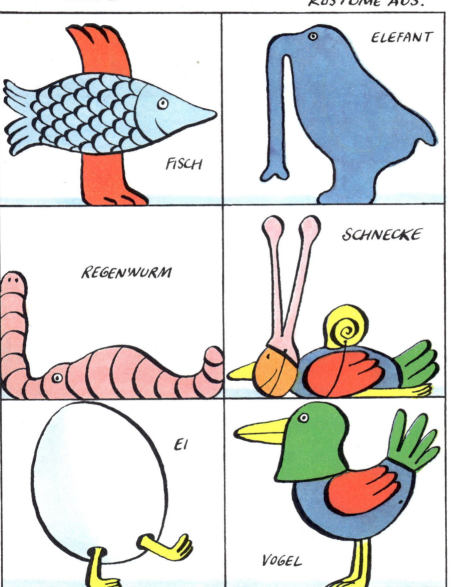

Armin Wohlgemuth

Gesucht wird ...

Bis auf eine Ausnahme haben alle Wörter die gleiche Vorsilbe. Wenn ihr diese Silbe gefunden habt, werdet ihr den Außenseiter, der sich hier eingeschlichen hat, schnell finden.

1. bringen, tragen, halten, schlafen, schlagen, gegen, laufen, knöpfen, stellen
2. sitzen, retten, denken, sehen, fragen, rechnen, lassen, messen, helfen
3. zünden, finden, regen, zeichnen, heben, stecken, knüpfen, richten, warten
4. schlagen, teilen, brechen, stören, löchern, reißen, schneiden, lassen, fassen
5. wandern, bohren, lesen, beißen, kämmen, backen, baden, forschen, dringen
6. stellen, tanzen, kreisen, stoßen, täuschen, turnen, zeigen, singen, laden
7. tauchen, sagen, werben, bieten, drücken, graben, ordnen, liegen, halten
8. spannen, erben, laden, weichen, binden, dringen, sagen, halten, falten

9. finden, geben, fordern, wählen, kommen, kehren, sammeln, holen, hören
10. glühen, finden, wenden, rechnen, biegen, leihen, brennen, bergen, hören
11. blicken, stürzen, setzen, fliegen, greifen, suchen, schätzen, liefern, prüfen
12. blasen, rasen, kaufen, senden, kreisen, fassen, decken, mischen, reiben
13. füllen, stopfen, gießen, schreiben, strecken, ziehen, fangen, bringen, enden
14. zahlen, drücken, scheinen, bauen, fegen, reißen, lösen, hungern, kochen
15. schnallen, ändern, binden, nehmen, drehen, füllen, hängen, klammern, rennen
16. fahren, teilen, pressen, greifen, haben, bilden, legen, jagen, kennen
17. fallen, kommen, laufen, werfen, machen, nehmen, stehlen, lochen, schleichen
18. merken, fressen, rempeln, führen, wenden, klagen, spüren, stechen, zeigen

Vorsilben:

aus, zer, an, ein, vor, weg, zu, wieder, nach, um, durch, er, ent, voll, auf, über, unter, ver

Auflösung Seite 126

Reinhard Gundelach

A
Alex
Alexander
Alexanderplatz
Alexanderplatzhochhaus
Alexanderplatzhochhausspatz
Alexanderplatzhochhausspatzen
Alexanderplatzhochhausspatzenfamilie
Alexanderplatzhochhausspatzenfamiliennest
Alexanderplatzhochhausspatzenfamiliennestkinder

Die Alexanderplatzhochhausspatzenfamiliennestkinder
sagen tschiep. Das war die letzte Steigerung, die blieb.

Sie steht an vielen Straßen
und plinkert allen zu.
Mit ihren bunten Augen
sorgt sie für Hast und Ruh. (Die Verkehrsampel)

Fußballreportage:
Schuß und und . . .
Scheibe kaputt!

Abschreiben
bringt zwar mehr ins eigene Heft,
weniger aber in den Kopf.

Erst schwang er sich über Rosenhecken,
dann mußt er sich nach seinen Hosen recken.

Nie wird der Schüler Kutscher laut,
wenn er auf einem Lutscher kaut.

Trotz des Namens Harro von Rubenstein,
wurde unser Hund nie ganz stubenrein.

Wenn sich Schüler nach der Pausenklingel schlagen,
hört man bald die Pausenschlingel klagen.

Lieber einen Windbeutel essen,
als ein Windbeutel sein.

Reiner Putzger

Zeitansage

Wenn die Fratzenkatzen
und die Wackeldackel
und die Schachtelwachtel
mit der kleinen Hausmaus
abends um die Wette piepen,
dann ist es halb sieben.

Der Überfall

„Hände hoch", sagt die Gangsterin zu einem Mann. „Rücken Sie 50 Pf. heraus." Darauf der Mann: „Ich habe aber nur 100 Mark." „Macht nichts, ich kann es Ihnen wechseln."

Fritz fragt seinen Bruder: „Weißt du den Unterschied zwischen Brennessel und Autobus?"
Gerd: „Nein."
„Na dann mußt du dich mal reinsetzen", sagt Fritz.

Der Lehrer fragt in der Klasse: „Wer kann den Begriff ‚Verantwortung' erklären?" Peter antwortet: „An meiner Hose sind alle Knöpfe ab, bis auf einen. Der trägt jetzt die Verantwortung."

Frieda kommt in die Küche und sagt: „Mama, ich habe die Leiter im Wohnzimmer umgestoßen." „Frieda, Frieda", sagt die Mutter, wenn das der Papa wüßte...!" Kleinlaut gibt Frieda zu: „Er weiß es ja. Er hängt an der Gardinenstange."

Peter und Rainer, die im Wohnzimmer spielen, zanken sich nach einiger Zeit. Peter sagt wütend zu Rainer: „Du bist ein Kamel!" Darauf Rainer: „Du bist das größte Kamel!" Der Vater, der ebenfalls im Zimmer ist, fragt ärgerlich: „Ihr habt wohl vergessen, daß ich auch noch da bin?"

Sagt Meier zu Schulze: „Wie geht's eigentlich deinem Auto?"
„Es geht nicht, es fährt."
„Und wie fährt es?" „Na ja, es geht."

Hugo hat einen tollen Wagen, knallgelb lackiert. „Bist du mit deinem Auto zufrieden?" fragt ihn Karl. „Der Wagen ist prima", nickt er. „Nur einen Fehler hat er: Die Leute stecken immer ihre Briefe rein!"

SATTELSCHLEPPER

„Was kostet dieser Hund?" – „Hundert Mark." – „Wie wär es mit der Hälfte?" – „Bedaure, ich verkaufe nur den ganzen Hund."

Monika zum Lehrer: „Kann man für etwas bestraft werden, was man nicht getan hat?"
Lehrer: „Nein!"
Monika: „Na ein Glück! Ich habe nämlich meine Hausaufgaben nicht gemacht."

Ein Jäger zum Jagdleiter: „Sitzt dort ein Hase oder eine Erdscholle, die mich täuscht?" Jagdleiter zum Jäger: „Ich kann es auch nicht erkennen, aber schieß doch mal! Ist es eine Scholle, bleibt sie sitzen, läuft es weg, war's ein Hase!"

SCHLÜSSELBEIN

Die Lehrerin schimpfte wieder mal mit ihren Schülern über die Leistungen der letzten Arbeit.
„Ihr wißt, daß die Zeugnisse vor der Tür stehen."
Roberto rief: „Oh, soll ich sie gleich reinlassen?"

„Lümmel, wenn ich dich noch einmal auf dem Birnbaum erwische, dann haue ich dir eine runter!"
„Au fein, dann brauche ich ja nicht erst raufzuklettern."

„Thomas, dein Aufsatz über den Hund ist wörtlich derselbe wie der von deinem Bruder. Wie kommt das?"
„Wir haben ja auch denselben Hund, Herr Lehrer."

Der Lehrer fragt die Schüler: „Was sind Sultaninen?"
Andreas meldet sich und sagt: „Das sind die Frauen des Sultans!"

Die Maus nie sagt, wann sie nagt

HEFTPFLASTER

„Na, Erich, hast du beim Examen gut abgeschnitten?"
„Ausgezeichnet, Onkel Alfons. Auf allgemeinen Wunsch muß ich das Examen sogar wiederholen."

Peter fragt Detlef: „Welches Tier ist eigentlich am genügsamsten?" — „Ist doch ganz klar, die Motte", meint Detlef. „Die frißt nur Löcher."

Fritzchen kommt aus der Schule nach Hause und sagt zu seiner Mutter: „Heute war ich der einzige, der eine Frage beantworten konnte!" Mutter: „Junge, dafür bekommst du fünfzig Pfennig." Fritzchen: „Der Lehrer hat gefragt, wer die Fensterscheibe in der Turnhalle eingeworfen hat!"

„Warum ist die Milch wohl fetthaltig?" fragt der Lehrer.
Fritzchen: „Damit es beim Melken nicht quietscht!"

Frau Krause zu ihrer Tochter: „Wenn du weiter so unartig bist, bekommst du auch solche Kinder."
Marion: „Jetzt hast du dich aber verraten."

Vater beim Frühstück: „Pfui, ein faules Ei!"
Fritzchen: „Nicht wahr, Papa, das hat ein faules Huhn gelegt!"

Zwei Hunde treffen sich unterm Alleebaum. Sagt der eine: „Kikeriki." Was ist denn mit dir los?" fragt der andere.
„Ja, heutzutage muß man Fremdsprachen können."

1tmals fuhr mit ihrem 2sitzer die Frau 3mal zum Rennen, verlor 4mal 5stellige Summen und brauchte eine 6tagewoche, um bis zum 7schläfer die 8ung der 9malklugen Herren zu gewinnen und ein 10tel wiederzubekommen.

Armin Wohlgemuth

Zwei Nullen gehen im Wald spazieren. Da treffen sie eine Acht. Sagt die eine Null zur anderen: „Gucke mal, die hat bei der Hitze noch einen Gürtel um."

„Mutti, darf ich mir die Sonnenfinsternis ansehen?" „Ja, mein Kind, aber geh nicht zu nahe heran."

Ein Mann geht zum Arzt, der ihn untersuchen soll. Er fühlt den Puls und sagt: „Herr Müller, Ihr Puls geht langsam."
„Macht nix, ich habe Zeit."

„Wann kommst du heute nach Hause, mein Junge?"
„Wenn es mir paßt!"
„Na gut, aber nicht später!"

Der neue Malerlehrling soll die Fenster streichen. Nach einer Weile kommt er zum Meister und meldet: „Alles fertig! Soll ich jetzt auch noch die Rahmen streichen?"

FLIEGENGEWICHT

FELDSTECHER

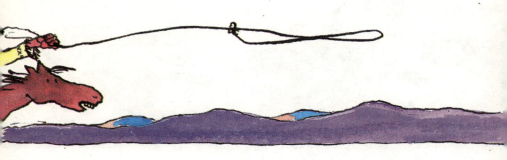

HALBLEITER

WÄSCHEMANGEL

Lehrer: „Jo, wann ist die richtige Zeit zum Kirschenpflücken?" Jo: „Wenn der große Hund vom Nachbarn Meier schläft!"

Peter: „Was ist denn bei euch für ein Lärm?" Fritz: „Das ist mein Opa. Der erklärt meinem Vati gerade, wie er meine Matheaufgaben machen soll."

Klaus gibt seinem Hund ein Stück Wurst und sagt: „Du sollst nicht leben wie ein Hund."

Susan: „Herr Maler, wieviel soll denn dieses Bild da kosten?"
„3000,— M."
Susan: „Ist das Öl wirklich so teuer geworden?"

In einer Tischrunde werden Witze erzählt.
„Kennen Sie den, wo die Frau schreit, weil sie ihre Zahnbürste verschluckt hat, und der Mann sagt, sie soll doch seine nehmen?"
„Nein, erzählen Sie mal!"

RAUMSCHIFF

TOPFLAPPEN

„Vati, kannst du mir mal bei einer Hausaufgabe in Rechnen helfen?" „Gern, Peter! Was kannst du denn nicht?" „Ich soll den kleinsten gemeinsamen Nenner für diese Zahlen finden." „Hat man den noch immer nicht gefunden? Man suchte ihn doch schon, als ich zur Schule ging."

„Was liest du denn, Horst?"
„Ich weiß nicht, Vati!"
„Du liest aber doch laut vor dich hin!"
„Na ja, aber ich höre nicht zu!"

„Kannst du mir sagen, was mit dem Fleisch des Wals geschieht?" – „Ist doch klar, es wird gegessen." – „Und was macht man mit den Knochen?" – „Die legt man auf den Rand des Tellers."

Ingo ist in der Küche. Er kocht zum ersten Mal Milch ab. Da schreit er plötzlich: „Mutti, Mutti, bring mir schnell einen größeren Topf!" „Warum denn?" meint die Mutter. „Die Milch wird immer größer!" schreit der Junge.

49

PLATTENSPIELER

GLASSCHNEIDER

ARMLEUCHTER

„Warum haben Sie ausgerechnet in eine Seifenfabrik eingebrochen, Angeklagter?" „Es ging mir so dreckig, Herr Richter!"

Zwei Maler streichen eine Wand. Auf einmal beginnt der eine ganz schnell zu streichen. Der andere fragt: „Warum streichst du so schnell?" Darauf antwortet der erste: „Ich muß fertig werden, bevor die Farbe alle ist."

Es klingelt. Peter öffnet. Ein Mann steht da und sagt: „Ich sammle für das neue Schwimmbad." Peter ruft in die Küche zur Mutter: „Was soll ich dem Mann geben?" Darauf die Mutter: „Drei Eimer Wasser."

Lehrer: „Was war im Jahr 1759?"
Anette: „Da wurde Schiller geboren."
Lehrer: „Gut, und was war 1762?"
Anette: „Da wurde Schiller 3 Jahre alt."

Kunde: „Eine Ungerechtigkeit ist das heutzutage, daß ich für meine paar Haare den vollen Preis zahlen muß."
Friseur: „Mein Herr, Sie zahlen ja nicht fürs Schneiden, sondern fürs Suchen."

SCHLAGGITARRE

Klaus-Dieter hat vergessen, die Schuhe an der Tür abzustreichen, und als er zurückblickt, sieht er plötzlich deutlich die schmutzigen Spuren, die er hinterläßt. „Hilfe!" ruft er, „ich werde verfolgt."

Ein Junge betrachtet mit seinem Vater einen Pfau im Zoo. Da fragt er seinen Vater:
„Vati, blüht denn das Huhn?"

„Ist dein Freund immer so still?" „Nicht immer. Du solltest ihn einmal essen hören!"

In einem Neubau wird unten am Brett ein Zettel angebracht: „Geige zu verkaufen!" Am nächsten Tag steht darunter: „Endlich!"

Eine Katze geht in eine Kneipe und bestellt sich einen „Doppelten". Doch der Wirt sagt: „Katzen bekommen keinen Doppelten." Darauf die Katze: „Aber ich habe gehört, daß man von einem Doppelten einen Kater bekommt!"

FERNSEHER

Herr Birke schaut Herrn Aribert beim Angeln zu. Nach langer Zeit fragt er: „Gibt es etwas Blöderes als Angeln?" – „Ja", sagt Herr Aribert, „das Zuschauen."

Die Kinder in der Schule schreiben einen Aufsatz. Das Thema lautet: „Wenn ich der Chef wäre." Alle Kinder schreiben eifrig, nur Klaus nicht. Die Lehrerin fragt: „Warum schreibst du nicht mit?" Klaus antwortet: „Ich warte auf meine Sekretärin!"

TORTENHEBER

Ein Vater sagt zu seinem Sohn: „Zu meinem Geburtstag wünsche ich mir von dir nur ein gutes Zeugnis!"
Darauf der Sohn: „Dein Wunsch kommt zu spät, ich habe schon eine Zigarre gekauft."

„Warum hast du gestern gefehlt?" „Ich war beim Zahnarzt, Herr Lehrer." „Aha, tut der Zahn immer noch weh?" „Ich weiß nicht, Herr Lehrer. Der Zahnarzt hat ihn dabehalten."

Banknoten

Der Lehrer schreibt eine chemische Formel an die Tafel und fragt eine Schülerin: „Was ist das für eine Formel?" „Hm, sie liegt mir auf der Zunge." „Dann spucke sie sofort aus, es ist Salzsäure."

„Hast du ein Bad genommen?" „Wieso, fehlt eins?"

Zwei Jungen stehen am Ufer und sehen zum ersten Mal Wasserski. „Weshalb fährt das Boot so schnell?" fragt der eine. Der andere antwortet: „Der Mann am Strick verfolgt es."

Cowboy Jim kommt in den Saloon und trinkt einen Whisky. Nach einer Weile geht er wieder. Draußen bemerkt er, daß sein Pferd verschwunden ist. Er geht zurück und schreit: „Wenn sich nicht sofort derjenige meldet, der mein Pferd gestohlen hat, geschieht das gleiche wie vor zwei Jahren in Mexiko City!" Angsterfüllt meldet sich der Dieb.
Jim bestellt sich zufrieden noch einen Drink. Da tritt ein Gast zu ihm und fragt: „Du, Jim, was war denn vor zwei Jahren in Mexiko City?"
„Da mußte ich zu Fuß nach Hause gehen!"

Federhalter

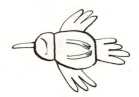

„Du, Papi", fragt der kleine Heiko seinen zwei Zentner schweren Vati. „Hat dich auch der Klapperstorch gebracht?"
„Ja natürlich", sagt der Vater. „Wieso?"
„Aber doch wohl nicht alles auf einmal, Papi?"

Vater kommt von der Arbeit heim. Zu Haus herrscht größte Aufregung. „Was ist denn hier los?"
„Stell dir vor, Fritz hat eine Mundharmonika verschluckt."
Vater atmet erleichtert auf. „Ein Glück, daß wir ihm kein Klavier geschenkt haben!"

Reinhard Gundelach

Schwarz auf weiß
sage ich dir viel,
nur bleib ich dabei stumm.
Meine Blätter rascheln leis,
schlägst du in mir herum. (Buch)

Tragen Bücherwürmer eigentlich Brillen?

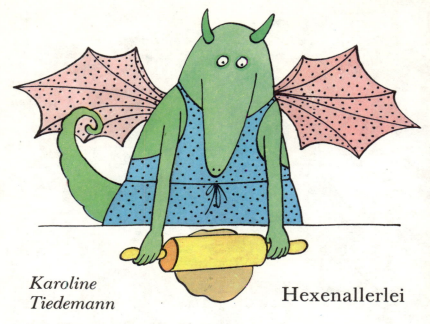

Karoline Tiedemann

Hexenallerlei

Die Hexe bürstet ihren Drachen
und dürstet, weil die Brunnen brachen

Die Hexe spinnt am Wiesenrand
und zaubert eine Riesenwand

Die Hexe läßt die Hunde raus
und macht 'ne Runde um ihr Haus

Die Hexe fliegt ins Rosenland,
dort hat sie einen losen Rand

Die Hexe will jetzt Kuchen backen,
erst muß sie bei den Buchen kucken

Die Hexe liebt sehr heiße Wecken,
doch mehr noch ihre weißen Hecken

Die Hexe hat 'ne weiße Geiß und einen schwarzen Raben,
die essen niemals ihren Reis, sie ihn den Hühnern gaben.

Limericks

Günter Saalmann

Wer kühn von der Flugschanze Schi fliegt,
so hoch. Wo der Auslauf so tief liegt!
Den bestaunen wir sehr,
und das um so mehr,
wenn er bei dem Wind nicht mal schief liegt.

Gern schmökert Herr Schußlich 'ne nette
Geschichte, recht gruslig, im Bette.
Bis er jäh heut erkannte,
als die Lampe schon brannte:
Der Stecker war der von der Plätte.

Wo nimmt meine werktät'ge Mutter
tagtäglich die Kraft und den Mut her?
Sie schmiert Schnitten im Hort,
und man läßt sie nicht fort.
Mein Los, seufzt sie abends, ist Butter.

Im Kaspisee lebt auf 'nem Bohrturm,
von Wellen umbrandet, ein Ohrwurm:
Was bin ich so klein,
was bin ich allein,
ach, blase mich nicht von mei'm Rohr, Sturm.

Es sei nichts, entschied Doktor Berger.
Wieso ich mich immer so ärger?
Es sei meine Galle
nicht bittrer als alle.
Na, das macht den Ärger noch ärger.

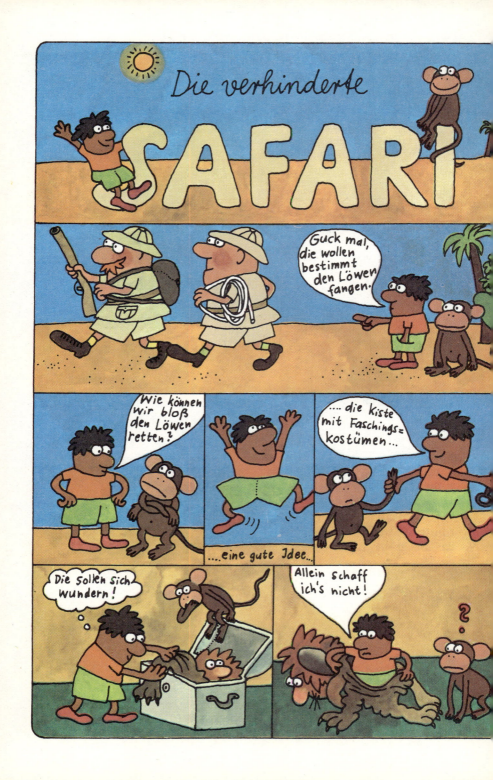

Zeitspielerei

Armin Wohlgemuth

Zeiteindruck
Übergangszeit
Zeitgedächtnis
Energiezeit
Zeitkontrolle
Wartezeit
Zeitwende
Krankheitszeit
Zeitgeschehen
Leidenszeit
Zeitgeist
Fastenzeit
Zeituhr
Ferienzeit
Zeitbombe
Jugendzeit
Zeitgeschichte
Kinderzeit
Zeitzünder
Spielzeit
Zeitfahren
Endzeit
Zeitschrift
Messezeit
Zeiteinteilung
Geschäftszeit
Zeitabschnitt
Uhrzeit
Zeitmaschine
Hungerszeit
Zeitvertreib
Mittagszeit

Zeitmaß
Winterzeit
Zeitverzug
Herbstzeit
Zeitnehmer
Frühlingszeit
Zeitverschiebung
Anlaufzeit
Zeitversäumnis
Flugzeit
Zeitzeichen
Lebenszeit
Zeitstück
Vesperzeit
Zeitverschwendung
Glanzzeit
Zeitspiel
Essenszeit
Zeitraffer
Eisenzeit
Zeitempfinden
Jahreszeit
Zeitdruck
Eiszeit
Zeitmesser
Sommerzeit
Zeitbericht
Hochzeit
Zeitraum
Brautzeit
Zeitregler
Reisezeit

Zeiteinwirkung
Arbeitszeit
Zeitabweichung
Auszeit
Zeitbegriff
Kontrollzeit
Zeiterscheinung
Normzeit
Zeitverteilung
Reaktionszeit
Zeitspeicher
Anpassungszeit
Zeitgeschwindigkeit
Hilfszeit
Zeitblock
Steinzeit
Zeitdauer
Wartungszeit
Zeitbeginn
Lichtzeit
Zeitrichtwert
Produktionszeit

Zeitgewinn
Laufzeit
Zeitverlust
Richtungszeit
Zeitablauf
Richtwertzeit
Zeitdifferenz
Bedienungszeit
Zeitreserve
Gewinnzeit
Zeitpunkt
Ablaufzeit
Zeitstrafe
Verlustzeit
Zeitwort
Freizeit
Zeitspanne
Strafzeit
Zeitlauf
Amtszeit
Zeitangabe
Öffnungszeit

••

Der 1iedler nahm den 2g und zeigte dem 3spänner mit dem 4kantholz den Weg zum 5kampf, damit beim 6tagerennen niemand etwas ver7 konnte und die N8igall und der 9töter die 10klassenschule besuchen konnten.

•••••••••••••••••••••••••• *Armin Wohlgemuth* •••••

Diese Schleifen werden jetzt wieder Mode! Onkel Maximilian hat seine sehr eindrucksvoll gebunden. Rate mal, wie er die gebunden hat! Nimm zum Probieren ruhig Vatis Schlips. Wenn du es nicht schaffst, sieh auf Seite 127 nach.

Karlchen hat Geburtstag und bekommt einen neuen weißen Anzug. Plötzlich verschwindet er. Als die Mutter einige Zeit darauf nach ihm schaute, bemerkte sie zu ihrem Entsetzen, daß er fröhlich auf einem Kohlehaufen spielt. Ärgerlich ruft sie: „Karlchen, komm sofort hoch!" Worauf der Knirps vorsichtig fragt: „Hauste oder wäschste mich?"

Der Stiegelitz übt Liegestitz

Klaus-Dieter hatte sich beim Spazierengehen von Muttis Hand losgerissen und sie plötzlich aus den Augen verloren. Er hielt die Tränen zurück und fragte eine alte vorbeikommende Frau: „Haben Sie eine Mutti ohne mich gesehen?"

„Na, hat die Abmagerungskur Erfolg gehabt, Herr Meier?" „Teils, teils. Mein Haar ist jedenfalls dünner geworden!"

Lehrer: „Warum fallen im Herbst die Blätter von den Bäumen?"
Olaf: „Hängen Sie sich doch mal ein Jahr lang an einen Ast."

Wasserhahn

Wieviel Knoten hat diese Schnur?

Auflösung Seite 126

Im Haus

im Haus

im Haus

im Haus,

da sitzt 'ne klitzekleine Maus.

Sie sitzt so da und sinnt und sinnt, wen sie sich wohl zur Hochzeit nimmt.

Dietmar Beets

Wirbeln die Schneeflocken —
trägt dann das Reh Socken?

Und wo haben Meise und Spatz
im Eis ihren Futterplatz?

Du magst ja im Fernsehn
Fußball ganz gern sehn —
doch kämst du nicht lieber
mal mit zum Sportplatz hinüber?

Nachts schläft die Sonne nicht,
sie gibt woanders Licht
und Energie —
Sie schläft wohl nie?

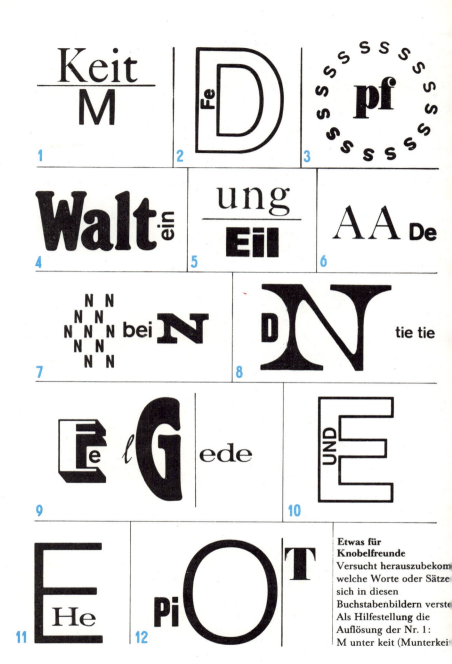

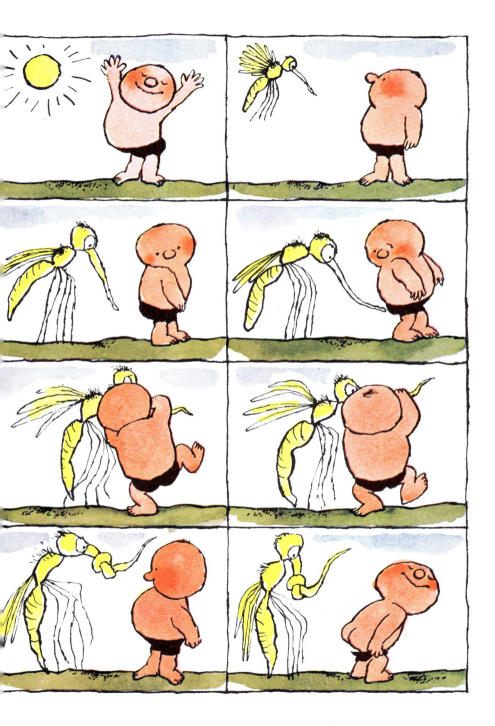

Das Blaue vom Himmel herunter lügen

Es hat jeder sein Päckchen zu tragen

Sich mit fremden Federn schmücken

Sich wie ein Frosch aufblasen

In des Teufels Küche kommen

Geschwindigkeit ist keine Hexerei

*Zwischen
Tür
und
Angel
schweben*

Menschliches *Armin Wohlgemuth*

(Scherzfragen)
1. Was ist menschlich?
2. Was geht über ein gutes Gewissen und einen gesunden Körper?
3. Was ist am Menschen kleiner als er selbst und doch höher als er?
4. Was ist groß beim Riesen und klein beim Zwerg?
5. Welcher Kopf sitzt nicht auf, sondern in dem Hals?
6. Warum werden die Haare auf dem Kopf früher grau als die Haare im Bart?
7. An welchem Kopf sind keine Haare, sondern Blätter?
8. Was für Haare hat ein ausgewachsener Mensch?
9. Welche Bärte wachsen nicht?
10. Welches ist das geschäftigste Auge?
11. Welcher Mensch kann seine eigenen Augen sehen?
12. Welches Maß hat man in den Augen?
13. Wer hat Zähne und kaut doch nie?
14. Welcher Hals kann fliegen?
15. Wieviel Kehlen hat der Mensch?
16. Welches Glied seines Körpers kann kein Mensch mit seiner rechten Hand ergreifen?
17. Was hat man, wenn man zur Arbeit geht, immer an der rechten Hand?
18. Wer streckt immer seine Arme aus und wird doch nicht müde?
19. Nach welchem Halt strecken die Menschen nach der Arbeit die Hände aus?
20. Warum ist die Kunst, lange auf einem Bein zu stehen, nichts Besonderes?
21. Nach welchem Gang beurteilt man oft die Menschen?
22. Was muß man in den Beinen haben?
23. Wonach muß man sich strecken?
24. Wer hat viele Gelenke und kann sich doch nicht allein rühren?
25. Welche Haltung ist für den Menschen die wichtigste?
26. Welchen Schritt sollen die Menschen gehen?
27. Nach welchem Sitz streben alle Menschen?
28. Welches Gewicht muß ein Mensch haben, um nicht umzufallen?
29. Welches Fell hat der Mensch im Körper?
30. Was für Laden hat jeder Mensch?   *Auflösung Seite 128*

Hartmut Brücher

Rätsel

Was ist das?
Bohne steht vor der Tafel und hält alle Bälle, die Zapf draufknallt ...
Tinamarie malt mittels Faserstift Johann Wolfgang von Goethe eine Brille auf die hohe Stirn ...
Tommi weicht ein Löschblatt auf und steckt es Tinamarie in den Nacken ...
Heino sitzt im Fenster und rupft die Blätter von der stolzen Aspidistra ...
Hildchen klatscht mit den Turnschuhen den Takt dazu ...
Matz klemmt den Papierkorb zwischen die Beine und reitet Hohe Schule ...
Und so weiter und so fort.

Kleine Pause in der 3b

In der Schule werden Fremdwörter durchgenommen. „Was ist analog?" fragt der Lehrer. „Die Vergangenheitsform von Anna lügt, Herr Lehrer."

Am Vormittag ist Daniela mit der Tante im Park. „Was ist das dort für ein Vogel?" fragt die Kleine.
„Eine Drossel!"
Am Abend hat Daniela das Bilderbuch vor sich und fragt die Mutter: „Was ist das für ein Vogel, Mutti?"
„Eine Drossel!"
„Ach", sagt Daniela, „darf denn eine Drossel aussehen, wie sie will?"

Karsten kommt die Straße entlang und sieht Paul aus dem Fenster gucken und fragt: „Na, Paul, was machst du denn jetzt?" „Ich helfe meiner Mutter!" sagt Paul. „Und was macht deine Mutter?" fragt Karsten. „Nichts."

HASENFUSS

Wieviel Streichhölzer sind hier verstreut? Ganz Pfiffige zählen nur die Köpfe. Sie werden aber bald merken, daß nicht alle Streichhölzer ganz sichtbar sind.

Auflösung Seite 128

Monsieur Charles M. Croque, Landwirt in Beaugency, baute sich einen neuen Brunnen. Damit oben kein Schmutz reinfällt, legte er einen dicken Holzdeckel auf mit einem Loch für Seil und Eimer. Der Brunnenschacht ist 6 m tief, ist rund und hat einen Durchmesser von 1,40 m. Trotz seiner Tiefe sammeln sich ständig nur 80 Liter Wasser. Entnimmt man Wasser, so dauert es sehr, sehr lange, bis der alte Wasserstand sich wieder einstellt. In 12 Stunden fließt gerade 1 Liter Wasser zu. Der Wassereimer faßt exakt 8 Liter Wasser.
Nun rechne, wieviel Eimer Wasser Monsieur Croque von morgens 6 Uhr bis abends 18 Uhr aus seinem Brunnen schöpfen könnte. Auflösung Seite 271

Waldemar Spender

Schwerelosigkeit

Wenn alles schwerelos wäre,
das wär eine lustige Zeit!
Tippt ich Elefanten, Riesen
oder furchtbar schwere Dinger
an mit meinem kleinen Finger,
schon flögen sie weit!

Wenn alles schwerelos wäre,
es würde komisch sein:
Die Schulmappe schwämme zur Schule voraus.
Ich flöge wie eine Fledermaus hinterdrein.
Oder die Schule käme vorbei,
und ich stiege ein.

Wenn alles schwerelos wäre,
wie hätt ich gelacht,
weil alles heiter und kunterbunt wär.
Und sicher wär auch das Lernen nicht schwer.
Aber noch weiter, als bis hierher,
habe ich nicht nachgedacht.

Ohne ihn wird's teuer

Reinhard Gundelach

Ihn mußt du vorzeigen.
Ohne ihn darfst du nicht einsteigen.
Kannst du ihn nicht kaufen,
so rate ich dir zu laufen.

(Fahrschein)

Visitenkartenrätsel

(Durch Buchstabenumstellung wird der Beruf gefunden)

1 ERNA STELLGORT Zapel	2 EUGEN IRBIN Triebes
3 OTTO REILEM Erkner	4 E! REBER Lohr
5 ASTRID TROLBINN Michelau	6 EMMO SUBESKI Trier
7 ACHIM THÄREPODEIN Oker	8 TERES ZURKO Schwerte
9 MICH. SLODDEG	10 D. LEIN Maritza
11 EVA KÄRNER Triptis	12 R. SEIDENHÄRTE Wanne
13 HANS B. NERFF Eisenach	14 EMIL GUNTHE Riesa
15 OMAR ROIKE Lichtenstein	16 TILO E. PIETZSCH Weimar
17 RUDOLF SCHLITTS Eilenburg	

Auflösung Seite 128

KNALLSCHOTEN
oder Hier kann gelacht werden

„Das ist eine schwierige Aufgabe der höheren Mathematik. Ihr rechnet sie am besten zweimal durch." — Da meldet sich Erich: „Ich habe die Aufgabe schon neunmal gerechnet." — „Oh", freut sich der Lehrer, „das ist ausgezeichnet." — „Ja, aber ich habe jedesmal ein anderes Ergebnis herausbekommen."

Es ist Prüfungszeit. Susanne zeigt sich besonders aufgeregt. „Na", fragt der Leiter der Prüfungskommission, „hast du Angst vor meinen Fragen?" — „Davor nicht", wehrt Susanne ab, „aber vor meinen Antworten."

Der Lehrer fordert Dieter auf, an die Weltkarte zu kommen. „Zeige mir den Kontinent Amerika!" Dieter kommt nach vorn und findet tatsächlich Amerika. „Wer hat Amerika entdeckt?" fragt der Lehrer. — „Dieter", ruft die Klasse im Chor.

Biologiestunde. Aufforderung an die Klasse: „Nennt mir fünf Tiere der Wüstenregion!" — „Ein Löwe und vier Kamele", ist die Antwort.

Peter: „Kennst du das Nibelungenlied?" — Paul: „Nein, sing es mir mal vor!"

„Wer kann aufzählen, was es vor 300 Jahren noch nicht gegeben hat?" fragt der Lehrer. Viele Antworten kommen: „Flugzeug, Auto, Telefon, Batterien, Fahrrad, Fernseher, Radio, Reißzwecken, Laserstrahlen, Sputniks usw." Nur Alfred hat noch nichts gesagt. „Also, dir fällt nichts ein. Nun, was hat es noch nicht gegeben?" — „Mich", sagt Alfred schlicht.

Martin aus Dresden besucht Berlin. Auf der Toilette sieht er sich im Spiegel und stutzt. „Überall, wo man hinschaut, sind Leute aus Dresden."

Rita war auf dem Fernsehturm. „Hast du denn bei dem Nebel überhaupt was gesehen?" fragt die neugierige Zeltgemeinschaft. „Gesehen schon, aber die Scheiben waren wahrscheinlich aus Milchglas."

Anita ist zum erstenmal auf einem großen Schiff. Sie hat einen großen Koffer mit den schönsten Sachen mitgenommen. Der Steward fragt, ob sie mit der Kabine zufrieden sei. „Alles ist herrlich", sagt sie und zeigt auf das Bullauge, „der Wandschrank ist ja so geräumig. Was da alles reingeht!"

Zwei Männer trampen durch die Wüste. Ihnen kommt einer auf einem Kamel entgegen. „Wie weit ist es noch bis ans Meer?" fragt der eine. Gleichmütig sagt der Reiter: „400 Kilometer der Sonne entgegen", und geht seines Weges. Sagt der andere: „Toller Strand, was!"

Peter will auf Reisen gehen und einen Globus kaufen: „Welche Größe soll es denn sein?" fragt der Verkäufer. — „Die natürliche", antwortet Peter.

Monika rennt auf den Bahnsteig. „Erwisch ich noch den Zug nach Stralsund?" ruft sie dem Mann mit der roten Mütze zu. „Kann sein, kann nicht sein. Es kommt darauf an, wie schnell du laufen kannst. Vor drei Minuten ist er abgefahren."

Birgit kommt sehr spät nach Hause. „Wo warst du?" fragt die Mutter. „Ich war bei Angelika und habe ihr bei den Hausaufgaben geholfen." — „Da muß ich mich wundern, Angelika ist doch die beste Schülerin." — „Ist sie doch auch. Bloß, ich half ihr, meine Schularbeiten zu machen."

Ilona hilft zu Hause beim Geschirrspülen. „Das würde mir nie einfallen", sagt Lisa. — „Mir auch nicht, aber meiner Mutter."

Petra betreut Kinder aus der Nachbarschaft. Sie will Geschichten vorlesen. Zuvor fragt sie aber: „Wenn jemand dringend auf die Toilette muß, hebt bitte den Finger." Da fragt der kleine Gerhard: „Glaubst du wirklich, daß das hilft?"

Johannes braucht Geld für ein Geburtstagsgeschenk und bittet die Mutter um Rat. „Am besten, du sparst. Du ißt ein paar Wochen keinen Kuchen und dann bekommst du das Geld von mir." Johannes überlegt. „Kann es nicht etwas anderes sein?" — „Aber gewiß doch. Woran dachtest du denn?" — „An Seife."

„Welchen von deinen Brüdern hast du am liebsten?" — „Das sage ich nicht, sonst verhaut mich der andere."

Rosita sucht ein Geschenk für die Mutter. Sie entscheidet sich für einen Spiegel. Der Verkäufer fragt: „Wie wär's mit einem Handspiegel?" — „Ach nein, lieber nicht", sagt Rosita, „ich hätte lieber einen für das Gesicht."

„Hast du schon gehört?" fragt ein Australier seinen Freund. „Unser Nachbar soll einen Schädelbruch haben!" — „Wie ist denn das passiert?" — „Er hat sich einen neuen Bumerang gekauft und den alten weggeworfen!"

Paul hält sich den Bauch und wimmert. „Na, Paul, geht es dir nicht gut?" wird er gefragt. — „Das sieht doch jeder. Die letzte Pflaume muß schlecht gewesen sein. Die anderen 87 waren aber gut."

„So", sagt der Arzt, „du hast also Magenschmerzen. Ißt du vielleicht zu viel Süßigkeiten?" — „Überhaupt keine." — „Dann muß ich dir etwas anderes verbieten."

Beim Unfallarzt klingelt das Telefon. „Kommen Sie schnell, mein Bruder hat den Flaschenöffner verschluckt." Der Arzt will gerade aus dem Zimmer, da klingelt es wieder. „Herr Doktor, das hat sich erledigt. Wir haben einen anderen Flaschenöffner gefunden."

„Junge, wenn du weiter heimlich von dem Wein trinkst, wirst du nicht alt." — „Ja, ja, ein guter Tropfen erhält jung."

Herr Krause hat Halsschmerzen und geht zum Arzt. Der untersucht und stellt die Diagnose: „Das sind die Mandeln, wir werden sie rausnehmen." Einige Zeit nach der Operation kommt er wieder und klagt über Leibschmerzen. „Der Blinddarm muß raus!" ordnet der Arzt an. Nach erfolgter Operation kommt der Patient wieder zum Arzt und sagt: „Ich wage es kaum zu sagen, ich habe Kopfschmerzen."

„Den Käse soll ich essen?" heult Anke. — „Was ist denn da so schlimm?" — „Der olle Stinker hat doch schon 1970 eine Goldmedaille auf der Leipziger Messe bekommen."

Der Kellner kommt zum Koch des Restaurants: „Draußen ist ein Gast, der sagt, er sei Chemiker in einer Leimfabrik." — „Na und, was geht das mich an?" — „Er will unbedingt das Rezept von deiner Suppe wissen."

Anton sitzt ungeduldig in der Gaststätte, dann pfeift er nach der Kellnerin. Sie kommt: „Was darf's denn sein: Eine Portion Vogelfutter?"

„Herr Ober", beschwert sich ein Gast, „das Schnitzel ist hart wie Blech." Der Ober schaut interessiert auf den Teller und erklärt: „Jetzt haben Sie's aber verbogen, und nun müssen Sie es auch essen."

Die Familie geht in ein vornehmes Restaurant. Der Ober macht auf Kaviar aufmerksam: „Was ist denn das?" fragt der Vater. „Das sind Fischeier, mein Herr." — „Na, dann haun Sie mal zwei in die Pfanne."

Ein Mann sitzt auf der Treppe einer Gaststätte und seufzt traurig. Ein zweiter kommt dazu und fragt: „Warum bist du so traurig? Hast du kein Geld?" — „Geld schon, aber keinen Durst."

Renate und Lothar haben beide großen Hunger. Lothar stürmt in die Imbißstube, kauft sich eine Bockwurst und fängt zu essen an. „Willst du die Wurst alleine essen?" fragt Renate. Lothar stutzt und sagt darauf: „Hast ja recht, ich hole mir noch Salat."

Ein Autofahrer hat eine Katze überfahren und sagt großzügig zur Besitzerin: „Ich werde sie natürlich ersetzen." — „Was, können Sie denn miauen und Mäuse fangen?"

„Junger Mann, können Sie mich nicht über die Straße bringen?" — „Aber Omi, die Ampel zeigt doch Rot." — „Na eben, bei Grün kann ich auch alleine gehen."

Herr Lothar wird gefragt: „Haben Sie die Ampel nicht gesehen? Sie sind bei Rot über die Kreuzung gefahren." — „Welche Ampel?" — „Na, die oben über der Straße hängt." — „Ach, ich dachte, das wären Signale für die Flugzeuge, die darüber fliegen."

„Stell dir vor, mein Vater hat heute mit einem Fußtritt den Baum da umgelegt." — „Mit einem einzigen Tritt?" — „Ja, mit einem Tritt auf das Gaspedal."

„Was machst du, wenn du die Straße überqueren willst und ein Auto nimmt dir von links die Sicht?" — „Dann gehe ich auf die andere Straßenseite und schaue von dort."

Eine Dame traut sich zum erstenmal in ein Auto. Kopfschüttelnd sieht sie zu, wie der Fahrer im dichten Straßenverkehr immer wieder die Gänge einlegt. Endlich sagt sie zum Chauffeur: „Wissen Sie, passen Sie lieber auf den Straßenverkehr auf. Das Benzin kann ich allein umrühren."

„Ich wünschte, ich hätte das Geld für einen Elefanten!" seufzt Gabi. — „Aber wozu brauchst du denn einen Elefanten?" fragt verwundert Carola. — „Einen Elefanten brauche ich nicht, aber das Geld!"

„Warum weinst du, Kleiner?" — „Meine Mutti hat gesagt: Ich soll erst alle Autos vorbeilassen, bevor ich über die Straße gehen kann." — „Deshalb muß man doch nicht weinen. Das ist ein guter Rat." — „Ja, aber ich warte und warte und es kommt kein Auto."

Eine Schulklasse bekommt das Aufsatzthema: Unser Hund. Karin schreibt: Überschrift: Unser Hund. Text: Wir haben keinen Hund.

Peter: „Was ist eigentlich ein Kreistier?" — Lehrer: „Kreistier? Das gibt es doch gar nicht." — Peter: „Aber ich habe gestern ein Schild gelesen, darauf stand ‚Kreistierarzt'."

Fragt ein Mann einen Imker: „Was ist denn das? Ich sehe in Ihrem Bienenstock lauter Hummeln!" — Antwortet der Imker: „Ja, wir haben zur Zeit nur Bienenersatzverkehr."

Heike rennt empört zur Oma. „Stell dir vor, der Hahn schmust mit unverheirateten Hühnern rum." — „Was denn für unverheiratete Hühner?" fragt die Oma. „Na, die ohne Ring am Fuß."

Schweinchen Rosa fragt Schweinchen Ringelschwanz: „Was mag denn in der Zukunft aus uns werden?" — „Ach, das ist doch Wurst", sagt Rosa.

„Wir haben zu Hause eine Katze, die kennt sogar die Uhr", gibt Sven an. — „Nicht möglich", sagt Anke. „Also, auf einen Teller stelle ich einen Wecker und auf einen anderen Teller kommt ein Stück Wurst. Die Katze weiß sofort, wo die Wurst liegt."

„Kannst du dir etwas Schlimmeres vorstellen als eine Giraffe mit steifem Hals?" — „Ja, einen Tausendfüßler mit Hühneraugen."

„Welche Pflanze erkennst du mit geschlossenen Augen?" - „Die Brennessel."

„Wie wird eigentlich Trockenmilch hergestellt?" „Ganz einfach. Zuerst wird die Milch auf die Leine zum Trocknen aufgehängt. Und dann wird sie auf einem Reibeisen zu Pulver zerrieben."

Im Antiquitätenladen begeistert sich ein Herr an einer alten Uhr und er entschließt sich zum Kauf. Der Verkäufer macht ihn aber noch auf eine Besonderheit aufmerksam: „Sie müssen sich merken: Wenn der kleine Zeiger auf der 9 steht und die Uhr viermal schlägt, ist es genau 13.30."

„Warum macht der Schornsteinfeger den Schornstein sauber?" — „Damit der Rauch sauber herauskommt."

„Was willst du werden?" — „Weichensteller bei der Interflug."

„Mutti, gib mir 40 Pfennig für einen alten Mann." — „Das ist aber nett, daß du an andere denkst. Wo ist denn dieser Mann?" — „Er steht unten an der Ecke und verkauft Eis."

Ein Artist kommt zum Zirkusdirektor. „Ich kann alle Vögel nachahmen. Kann ich bei Ihnen auftreten?" — „Das ist doch eine uralte Nummer." — „Schade", sagt der Artist, breitet die Arme aus und fliegt durchs offene Fenster davon.

„Ach!" — spricht er — „die größte Freud'
ist doch die Zufriedenheit!" —

heißt es bei Wilhelm Busch, doch wir sind sehr unzufrieden, haben uns doch Max und Moritz einen neuen Streich gespielt und auf dem unteren Bild einige Veränderungen vorgenommen; wer findet alle zwanzig?

Auflösung Seite 127

ALBERT

MACHT AUS DEN BUCHSTABEN SEINES NAMENS NEUE WÖRTER:

Helft ihm, noch mehr zu bilden, auch aus Eurem Namen

In Flandern lebten zwei Flundern
Die mußten sich jeden Tag wundern
Sie sagten eine zur andern
Wir sind ja zwei
Flundern
in Flandern

Dann schwammen sie platt auf
den Meeresgrund Und sangen zwei Stunden
lang
Den hochberühmten
Gesang: Wundern hält
Flundern
in Flandern
gesund

RAINER KIRSCH
DIE FLUNDERN VON FLANDERN

Auflösung Seite 128

✳ **Abc**-Geschichte ✳

Als **b**erühmter **C**asanova **d**rückte **e**in **f**ast **g**igantischer **H**aderlump **i**m **J**anuar **k**ühn **l**achend, **m**it **n**och **o**ffenem **P**ortemonnaie **q**uietschend, **r**affiniert **S**achverhalt **t**äuschend, **u**nsere **v**erwirrt **w**ackelnde **X**antippe **Y**vonne **Z**ackelbart.

Armin Wohlgemuth

Der Schüler einer Reitschule reitet ein Hindernis an. Aber das Pferd verweigert. Der Reiter fliegt über den Kopf des Pferdes hinweg. „Sehr gut", meint der Reitlehrer. „Aber vergessen Sie beim nächsten Mal nicht, das Pferd mitzunehmen."

„Ich frage Sie jetzt zum letzten Mal, mein Herr: Wann bekomme ich endlich mein Geld zurück?"
„Bin ich aber froh, daß Ihre elende Fragerei aufhört."

Der sechsjährige Klaus sagt nachdenklich zu seinem Vater: „Papi, ich möchte bald heiraten."
„So, mein Junge, weißt du auch schon wen?"
„Ja, die Oma!"
„Aber Junge, du kannst doch nicht meine Mutter heiraten!"
„Warum denn nicht, du hast doch auch meine Mutter geheiratet."

Seiltänzer

Einen in die Tasche stecken

Verbrieftes — Hartmut Brücher

Liebe Christamarie!
Heute näme ich mir ein Härz un drage Dir meine Freund Schaft an. Wierst Du sie annähmen? Ich bin nicht ploß auf Deine Fikur aus, weil Du so lange Hahre hast. Auch Deine geistichen Qualleteten. Ich bin nick der. Auch stimmt es nich, daß ich noch nicht reiv bin für sowas, wie die Lehrerin sagt, und daß ich mich lihber um die sogenannte Orte Grafi kümmern soll.
Dein Jimmi

Teurer! Jimmi
Dein Brief hat mich ganz. In Aufregung versetzt. Du drückst Dich. So schön aus nur, mit der Interpunktion hapert es, bei Dir. Ich liebe, Dich trotzdem wir helfen uns. Gegenseitig ich bringe Dir die Interpunktion, bei und Du mir, die Orthografie. Wo Du so fit bist. Sieh! an werden alle, sagen ein schönes Pärchen hat sich da, zusammengefunden.
Deine Christamarie

ALBERT
KENNT SCHON DIE UHR:

Abzählreime

Martin Karau

Eine kleine Fledermaus
ruht sich auf der Zeder aus,
weil sie nicht mehr kann,
und du bist dran.

Eine kleine Gaslaterne
brannte nur am Tage gerne.
Abends ging sie aus,
und du bist raus.

Eine kleine Straßenbahn
rammte einen Autokran.
Der schleppte sie nach Haus,
und du bist raus.

Eine kleine Mülltonne
stand drei Tage in der Sonne.
Keiner leert sie aus,
und du bist raus.

Eine kleine Feuerwehr
suchte, wo ein Feuer wär,
löschte eine Kerze aus.
Du bist raus.

Eine kleine Haselnuß
fiel dem Riesen auf den Fuß.
Riese schrie vor Schreck,
und du bist weg.

Eine kleine Butterbirne
flog dem Gärtner an die Stirne,
machte dabei flapp,
und du bist ab.

Ein kleines Murmeltier
murmelte bis nachts um vier.
Dann schlief es einfach ein,
und du mußt sein.

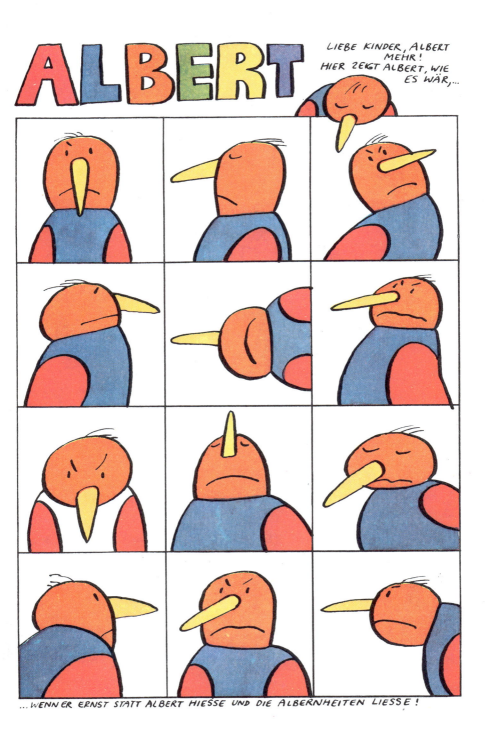

„Schnell, schnell!" ruft der Ratsherr. „Der Feind ist heran, laß das Tor herunter!"

Aber der Torwächter ist neu, er kennt sich nicht aus. Wie soll er die Winde drehen, damit das Tor herunterkommt? In Richtung A oder B? Was meinst du?

Auflösung Seite 128

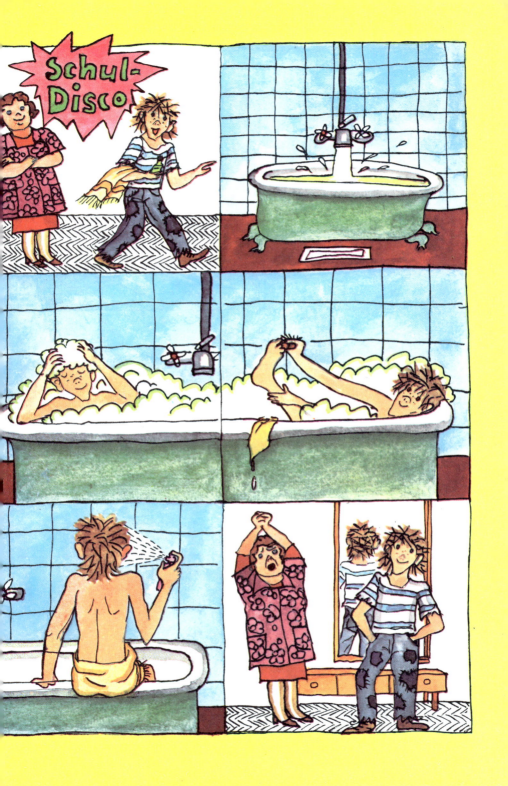

Das Kind
mit dem Bade
ausschütten

Du mußt
wohl auch
deinen Senf
dazugeben

Wie
eine Ratte
schlafen

Der
springende
Punkt

Eine rechte
Plaudertasche
sein

Jemand
einen Bären
aufbinden

Auflösung von Seite 32
1. Der gestiefelte Kater
   Tischchen deck dich ...
2. Die Bremer Stadtmusikanten
   Schneewittchen
3. Der kleine Muck
   Münchhausen
4. Rotkäppchen
   Die sieben Raben

Auflösung von Seite 34/35
1. zu (schlafen), 2. nach (retten),
3. auf (zünden), 4. zer (fassen),
5. durch (baden), 6. vor (kreisen),
7. unter (werben), 8. ent (dringen),
9. wieder (sammeln), 10. ver (finden),
11. über (suchen), 12. ein (rasen),
13. voll (fangen), 14. aus (scheinen),
15. um (nehmen), 16. er (bilden),
17. weg (lochen), 18. an (spüren)

Auflösung von Seite 70
Einen Knoten

Auflösung von Seite 74
1. M unter keit (Munterkeit), 2. Fe in de (Feinde), 3. S um pf (Sumpf), 4. Ein rechts an walt (Ein Rechtsanwalt), 5. Über eil ung (Übereilung), 6. Paar a de (Parade), 7. Elf en bei n (Elfenbein), 8. D am en paar tie (Damenpartie), 9. E in e l an ge vor ede (Eine lange Vorrede), 10. Und in e (Undine), 11. He in e (Heine), 12. Pi an o vor te (Pianoforte)

Auflösung von Seite 28

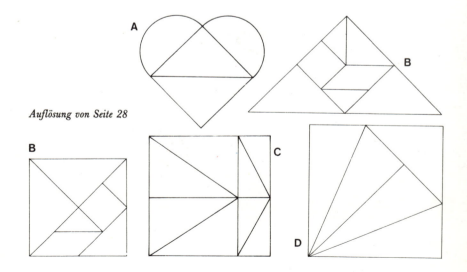

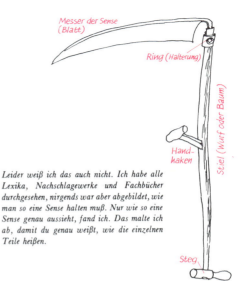

Leider weiß ich das auch nicht. Ich habe alle Lexika, Nachschlagewerke und Fachbücher durchgesehen, nirgends war aber abgebildet, wie man so eine Sense halten muß. Nur wie so eine Sense genau aussieht, fand ich. Das malte ich ab, damit du genau weißt, wie die einzelnen Teile heißen.

Du siehst, es ist ganz einfach
1 — 2 —3
4 irgend etwas wurde hier falsch gemacht. Sag mal, mußt du dir überhaupt so eine blödsinnige Schleife binden?

Auflösung von Seite 102

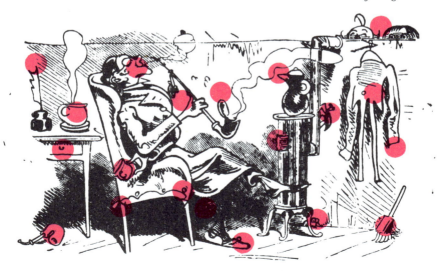

Auflösung von Seite 78
1. Irren
2. Über ein gutes Gewissen geht nichts, und über einen gesunden Körper geht die Haut
3. Sein Hut
4. Der Buchstabe r
5. Der Kehlkopf
6. Die auf dem Kopf sind wesentlich älter
7. Am Kehlkopf
8. Seine eigenen
9. Die Schlüsselbärte
10. Das Hühnerauge, es ist beständig auf den Füßen
11. Der in den Spiegel sieht
12. Das Augenmaß
13. Die Säge
14. Der Wendehals (Vogel)
15. Drei: eine im Hals und zwei Kniekehlen
16. Seine rechte Hand
17. Fünf Finger
18. Der Wegweiser
19. Nach ihrem Gehalt
20. Jede Gans kann es
21. Nach ihrem Umgang
22. Was man nicht im Kopf hat
23. Nach der Decke
24. Die Kette
25. Die Erhaltung
26. Den Fortschritt
27. Nach dem Besitz
28. Das Gleichgewicht
29. Das Zwerchfell
30. Kinnladen

Auflösung von Seite 82
Es sind 64 Streichhölzer

Auflösung von Seite 83
Natürlich keinen, weil das Loch im Deckel für den Eimer viel zu klein ist. Nur Dumme merken das nicht.

Auflösung von Seite 92
1. Porzellangestalter, 2. Betriebsingenieur, 3. Elektromontierer, 4. Oberlehrer, 5. Milchindustrielaborant, 6. Obermusikmeister, 7. Orthopädiemechaniker, 8. Rotkreuzschwester, 9. Goldschmied, 10. Medizinalrat, 11. Privatsekretärin, 12. Seidenwarenhändler, 13. Eisenbahnschaffner, 14. Heilmagnetiseur, 15. Meliorationstechniker, 16. Polizeiwachtmeister, 17. Fortbildungsschulleiter

Auflösung von Seite 111
A *Un durch lässig* (undurchlässig), B *W achtel* (Wachtel) C *Zwischen spie l* (Zwischenspiel), D *W in ter an fang* (Winteranfang), E *K um r* (Kummer), F *Die er de ist r und* (Die Erde ist rund), G *Te Gesellschaft* (Teegesellschaft), H *Zwei fel* (Zweifel), I *Am r i k* (Amerika)

Auflösung von Seite 113
Die Taube auf der Schulter ist falsch

Auflösung von Seite 122
Ob er nach A dreht oder nach B, ist völlig egal, das Tor kommt auf keinen Fall herunter. Ein Halteseil wurde nämlich falsch um die Balkenrolle gelegt.